MIND HACKING

Sommario

CAPITOLO 1

Cos'è il mind hacking

Di solito associamo alla parola "hacker" un significato negativo: ci fa pensare subito all'illegalità e ci fa istintivamente sentire insicuri. Ma cosa vuol dire davvero questo termine, e chi sono stati i primi hacker? Il nome deriva dal verbo inglese *to hack*, che significa *intaccare*, *tagliare* e ha cominciato ad essere usato nel XX secolo per designare quelle persone in grado di usare le loro competenze in ambito informatico per estendere l'utilizzo di software e sistemi in ambiti diversi da quelli per cui erano stati progettati in origine, riprogrammandoli e sfruttandone al massimo le potenzialità. Un hacker, quindi, molto prima che un criminale, è qualcuno che conosce molto bene un ambito – nel caso più comune, quello dell'informatica – e sa quindi come funziona e come manipolarlo a proprio vantaggio.

Nel corso degli anni, definirsi hacker è diventato sinonimo di rivendicare un'etica del software libero. Di norma, infatti, noi non siamo in grado di accedere al *codice sorgente* dei nostri personal computer: usiamo l'interfaccia grafica e impariamo a muoverci usando i comandi standard, ma non sappiamo, ad esempio, come inserire nuovi comandi a nostro piacimento. Gli hacker, invece, rivendicarono la necessità che il codice sorgente sia potenzialmente accessibile a chiunque e liberamente modificabile. Questa necessità portò alla creazione del sistema operativo *Linux*, ad oggi l'unico totalmente gratuito e libero. La lotta pose il termine al centro di un pensiero etico strutturato e fiero. In quest'ottica, l'hacker è una persona in grado di usare una combinazione di analisi, tecnica e creatività per superare le limitazioni che incontra in qualunque ambito della vita.

Il *mind hacking* è una tecnica che usa le capacità di analisi e di riprogrammazione che caratterizzano gli hacker di sistemi informatici per agire sulla mente umana come se fosse un software.

A primo impatto potrebbe sembrare una pretesa assurda, ma in realtà non è troppo difficile immaginare la nostra mente come un software. Il mondo della programmazione informatica è un mondo virtuale, non è tangibile e non possiamo farne esperienza concreta. Nonostante ciò, ormai non possiamo prescindere dalla tecnologia informatica per le nostre necessità quotidiane, dunque questo mondo virtuale influenza potentemente ciò che accade nel mondo reale. Allo stesso modo, le nostre idee sono effimere e transienti e vivono solo nella nostra testa, ma sono il punto di partenza imprescindibile per ogni azione umana. Imparare ad agire sulle nostre idee e su quelle degli altri, quindi, vuol dire imparare a modificare la realtà che ci circonda. Questo metodo ha un enorme potenziale nell'ambito del marketing e delle tecniche di persuasione e manipolazione: la psicologia sociale e cognitiva, infatti, ci insegna che il modo in cui ognuno di noi reagisce agli stimoli può essere studiato su vasta scala. Tutte le menti umane agiscono cioè in base a certi principi, studiabili e tracciabili. È dunque possibile individuare meccanismi comuni in cui il mind hacker può inserirsi per raggiungere il suo scopo.

Il mind hacking può essere utile anche per intervenire sulla propria mente, individuarvi i meccanismi problematici che ostacolano una vita serena e *riprogrammarsi* in modo da rimuoverli. Questa possibilità è stata esplorata nel Capitolo 8.

Per capire come funziona il mind hacking, è necessario per prima cosa osservare che ogni buon processo di hacking si articola in tre fasi principali: la fase di analisi, la fase di creatività e la fase di riprogrammazione. Il mind hacking non fa eccezione: in questo testo vedremo nel dettaglio come si articolano questi tre momenti nel processo di riprogrammazione della mente umana e analizzeremo i modi in cui vengono applicate per ottenere delle efficaci tecniche di persuasione.

CAPITOLO 2

Analisi, creatività, riprogrammazione

La prima fase di ogni processo di hacking è l'analisi, ossia lo studio accurato del *codice* da manipolare. Lo scopo è individuarne i punti deboli e acquisire padronanza sul suo funzionamento. Nel caso del mind hacking, il codice in questione è la mente umana.

Ci si potrebbe chiedere: *se la mente umana coincide con la mia identità, come posso analizzarla dall'esterno?* In realtà, quando parliamo di mente umana non ci riferiamo alla nostra autocoscienza, ma al flusso dei nostri pensieri che può essere scomposto e studiato razionalmente. Il primo passo da fare, quindi, è abituarsi a pensare la mente come un oggetto staccato dall'*io*: condizione necessaria per acquisire controllo su qualcosa, infatti, è riuscire a proiettarlo al di fuori di noi, in un mondo esterno e il più scientifico e imparziale possibile. È necessario quindi slegare l'autocoscienza, il nostro io pensante, dalla mente nel suo complesso per poter agire su di essa. Dobbiamo cioè abituarci al *metapensiero*, ossia il pensiero che riflette su se stesso.

Per proseguire l'analogia con l'informatica, potremmo considerare il nostro stato mentale abituale come la qualifica di utente base di un sistema operativo, *user*. Per accedere alle funzioni più sofisticate e alla possibilità di modificare un sistema è spesso però necessario acquisire una qualifica superiore, detta di *superuser*. Solo il superuser può intervenire sulla struttura del codice sorgente di un sistema e, allo stesso modo, se vogliamo modificare le strutture della mente umana dobbiamo andare oltre il grado di utenti semplici.

Com'è possibile raggiungere questo stato di

consapevolezza? Per prima cosa, la ricerca psicologica ci insegna che la nostra mente non è il caos disordinato di pensieri casuali che potrebbe apparirci ad un esame poco accurato, ma invece funziona secondo schemi ben definiti.

Ognuno di noi pensa, e quindi agisce, muovendosi intorno ad alcuni concetti fondamentali che sono stati radicati nella nostra mente durante l'infanzia (per i singoli individui) o dalla società (e questo vale per ognuno di noi). Ci sono vari metodi per riconoscere questi schemi; un esempio è la tecnica dei 5 perché.

Questo metodo è anche detto *root cause analysis* (analisi delle cause alla radice) e consiste nel chiedersi, davanti ad un problema da risolvere, non solo *come* affrontarlo, ma soprattutto *perché* quel problema esiste. Risulta che, nella maggior parte dei casi, 5 *perché* sono sufficienti a rendere evidente la natura del problema e quindi la strada da percorrere per la sua risoluzione. La tecnica è stata usata per la prima volta dalla Toyota Motor Corporation per individuare dei bug nelle loro catene manifatturiere, ma può essere applicata a qualunque ambito, non necessariamente legato alla tecnica.

Ad esempio, consideriamo il caso di un'attività commerciale le cui vendite stentano a decollare.

Problema: I clienti non comprano i prodotti del negozio.

Perché?

I clienti non entrano neanche nell'attività: non sono nelle condizione di scegliere i prodotti.

Perché?

Le vetrine non invogliano i clienti ad entrare.

Perché?

Sono spoglie e poco curate, non riflettono chiaramente quello che c'è nel negozio.

Perché?

Sono state allestite in tutta fretta, senza la consulenza di un esperto. *Perché?*

In questa attività non è stata dedicata l'attenzione necessaria alle tecniche di marketing e promozione pubblicitaria.

Chiaramente questo metodo ha anche dei limiti: prima di tutto presuppone da parte del *problem solver* una certa consapevolezza preventiva del reale problema. Nell'esempio precedente, è possibile che il proprietario dell'attività sapesse già, in cuor suo, di non aver dato la giusta importanza alla promozione pubblicitaria; i cinque perché lo hanno però aiutato ad ammettere questa evidenza e ad individuarla come causa univoca dei propri problemi.

Inoltre, è necessario che l'assunto finale raggiunto grazie al metodo sia una condizione oggettiva e su cui è possibile intervenire. Chi usa questa tecnica deve perciò essere autocritico e sincero. Se il proprietario avesse concluso che la sua attività è in difficoltà perché un complotto della concorrenza impedisce ai clienti di entrare nel negozio, ad esempio, i cinque perché non sarebbero stati di nessun aiuto.

Il punto di forza di questo metodo, tuttavia, è che può essere applicato con disinvoltura anche a contesti in cui non c'è necessariamente un problema da risolvere, ma si vuole individuare la radice di un comportamento umano: qui entrano in gioco il *mind hacking* e le tecniche di persuasione. Consideriamo quindi un nuovo esempio.

Situazione: Un brand che produce braccialetti di bigiotteria ha sperimentato un successo incredibile negli ultimi mesi. *Perché?*
C'è stato un picco di vendite tra i ragazzini, tutti gli adolescenti li indossano. *Perché?*

Tra i giovani è ormai una moda portarli quei bracialetti, non averli equivale a essere esclusi dal gruppo.

Perché?

Uno youtuber ne ha indossato uno durante uno dei suoi video, e adesso tutti i suoi follower lo desiderano.

Perché?

Lo youtuber è una figura ammirata e tenuta in grande considerazione dagli adolescenti, che tendono a ripetere il suo comportamento e a fidarsi delle sue scelte.

Perché?

Fa parte della natura umana la tendenza a imitare modelli ritenuti autorevoli per fare delle scelte.

Partendo da un caso particolare – un *brand* che ha un particolare successo all'improvviso – abbiamo ottenuto una conclusione generale sul modo di agire degli esseri umani, che potrebbe tornarci utile nel caso fossimo noi a voler lanciare il nostro prodotto sul mercato.

Tra le altre tecniche di analisi utili all'autoconsapevolezza e al mind hacking, ricordiamo in particolare la costruzione di possibili scenari futuri, in particolare il metodo del *worst case scenario* (letteralmente, "il peggior caso possibile"). Questo metodo consiste nel portare all'estremo la paura o la remora che ci impedisce di fare qualcosa in modo da individuarne l'origine e agire per limitarla.

Ad esempio, immaginiamo di trovarci davanti ad un sito internet su cui stiamo per effettuare un acquisto: desideriamo davvero il prodotto, ma stentiamo ad inserire i dati della nostra carta di credito. Di cosa abbiamo paura? Probabilmente, nel nostro *worst case scenario* temiamo che il sito sia una truffa e che ci vengano rubati tutti i soldi dalla carta di credito. È importante quindi che i siti su cui fare acquisti online appaiano affidabili e sicuri, che il cliente sia rassicurato dalla loro autorevolezza. Anche in questo caso abbiamo imparato qualcosa di generale (è opportuno che un sito di acquisti trasmetta fiducia al cliente) a partire da una situazione particolare.

Per un *mind hacking* finalizzato ad influenzare il comportamento delle persone intorno a noi, è inoltre fondamentale che la parte di analisi si nutra di letture e studi sul comportamento umano. Il linguaggio del corpo, le dinamiche di gruppo, l'osservazione delle persone in contesti diversi e anche insoliti sono tasselli che compongono la preparazione di un buon comunicatore e quindi di un buon persuasore. È necessario dunque conoscere la psicologia sociale, ma anche e soprattutto essere degli osservatori partecipi delle situazioni: qualunque contesto, in potenza, permette di trarre delle importanti conclusioni sulla natura umana.

La seconda fase di ogni progetto di hacking è quella della *creatività*: è necessario infatti usare l'accurata conoscenza del sistema acquisita durante la fase di analisi per immaginarne un funzionamento alternativo e intervenire, riprogrammandolo.

Potrebbe sembrare un compito semplice, quasi banale, ma in realtà porta a scontrarsi fin da subito con l'evidenza che, in realtà, immaginare a lungo e attivamente è molto difficile!

Per effettuare un mind hacking efficace bisogna provare a vivere l'immaginazione come un processo fisico: quando creiamo, dobbiamo sforzarci di manipolare gli oggetti mentali con cui abbiamo a che fare come se fossero parte del mondo reale. Di solito, infatti, tendiamo a indugiare nei voli di fantasia e nell'esplorazione di possibili scenari mentali per poco tempo alla volta. Questo tipo di pensieri, infatti, viene comunemente ritenuto frivolo e quindi vi dedichiamo meno attenzione possibile.

Il mind hacker, invece, si trova a suo agio nel

mondo virtuale della propria immaginazione, è in grado di giocare con i propri pensieri e anche di divertirsi nel corso del processo. Se, nella fase di analisi, la domanda a cui cercare una risposta era "Come funziona la mente umana?", in questa fase dobbiamo chiederci: "Quali obiettivi vogliamo raggiungere con il nostro mind hacking?", "Quali situazioni ci permetterebbero di sfruttare al meglio gli schemi secondo cui funziona la mente?"

La terza ed ultima fase del processo è la riprogrammazione vera e propria della mente. Si tratta cioè di usare le informazioni acquisite nella fase di analisi e le idee raccolte durante la fase di creatività per mettere in atto un effettivo intervento sugli schemi mentali di interesse.

Il primo passaggio utile per raggiungere questo scopo è abituarsi a scrivere le idee man mano che arrivano: nessuna tecnica è più efficace per rendere concreto un progetto che vederlo scritto nero su bianco. La parola scritta acquista un potere aggiunto, è reale, è in grado di modificare la percezione del mondo di chi la scrive e di chi la legge.

Una volta raccolte le idee, però, potremmo chiederci: qual è il modo più efficiente di metterle in pratica? Qualcuno ha già affrontato questa situazione, e per caso ci sono già dei modelli di riferimento?

Per rispondere a queste domande, dobbiamo osservare che nella fase di riprogrammazione vogliamo usare le informazioni che abbiamo raccolto durante la fase di analisi per generare un comportamento che ci è in qualche modo favorevole: vogliamo cioè controllare le azioni delle persone che ci circondano, mettendo in atto un processo di manipolazione o persuasione.

I meccanismi di questo tipo fanno parte di un ambito nato recentemente e noto come ingegneria sociale: ce ne occuperemo dettagliatamente a partire dal prossimo capitolo.

CAPITOLO 3

L'ingegneria sociale

L'insieme dei processi che si occupano della riprogrammazione della mente umana sono noti come ingegneria sociale. Come per il termine *hacker*, anche qui è necessario fare una distinzione fra l'uso di questa dicitura in ambito strettamente informatico e il suo significato più ampio.

Nell'ambito della sicurezza informatica, infatti, si definisce *social engineering* la tendenza a studiare il comportamento di un utente individuale al fine di carpire informazioni utili a minarne la sicurezza cybernetica, quali password e codici di sicurezza. È una pratica strettamente connessa all'hacking e all'illegalità e ha quindi una connotazione fortemente negativa.

Uscendo dall'ambito informatico, tuttavia,

possiamo definire ingegneria sociale ogni processo di rielaborazione delle informazioni sulla natura umana volto ad ottenere un vantaggio dagli altri. A partire da questa definizione, ci accorgiamo subito che l'ingegneria sociale è una parte ormai fondamentale delle nostre vite: agisce ogni volta che acquistiamo su un sito web che ci è stato suggerito dai nostri *cookies*, è presente quando ci lasciamo tentare da una promozione che appare conveniente senza leggerne le clausole e, in generale, è sua la responsabilità ogni volta che ci scopriamo a prendere una decisione senza essere ben consapevoli del perché.

In senso generale, quindi, l'ingegneria sociale è la tecnica tramite cui costruire una sfera di influenza in grado di persuadere gli altri a comportarsi in un modo da cui possiamo trarre dei benefici. Senza necessariamente sfociare nell'illegalità, dunque, le tecniche di mind hacking tramite ingegneria sociale possono essere applicate a diversi ambiti, quali il marketing digitale e l'autopromozione.

Un ingegnere sociale ha svolto accuratamente la fase di *analisi* della mente umana, è in grado di disporre attivamente della propria *creatività* e può quindi procedere con la fase di *riprogrammazione*.

Sebbene la creatività individuale sia la parte fondamentale di ogni processo di mind hacking, diversi studiosi hanno individuato quattro sfaccettature principali insite nella natura umana a partire dalle quali si svolgono i principali interventi degli ingegneri sociali. Queste caratteristiche sono alla base dei principi della persuasione, che analizzeremo dettagliatamente nel prossimo capitolo. Possono essere usate sia per pianificare strategie di marketing e promozione, ma anche per imbastire veri e propri attacchi da cui è utile sapersi difendere.

La prima caratteristica della mente umana da

tenere in considerazione è la sua fondamentale *semplicità*. Noi esseri umani miriamo cioè a cercare le soluzioni più semplici possibili per i problemi e quando ci troviamo davanti a situazioni complesse siamo ben felici se si presenta la possibilità di ricondurle ad una causa facile da spiegare. Abbiamo sottolineato nel Capitolo 2 come l'immaginazione e il pensiero creativo siano estremamente difficili: di conseguenza, la nostra mente tende sempre ad evitare, se possibile, questo duro lavoro, e a rilassarsi non appena ne intravede la possibilità.

Questa tendenza inconscia crea, ad esempio, le abitudini. È nella nostra natura infatti agire secondo cicli, compiere cioè azioni ripetute secondo schemi ben definiti. Ciò avviene in maniera inconscia: spesso non ci accorgiamo neanche di avere acquisito una nuova abitudine finché qualcuno non ce lo fa notare. Quando siamo intenti a svolgere un'azione che per noi è abitudinaria, siamo totalmente rilassati e la nostra soglia di attenzione è al minimo. Di conseguenza, anche le informazioni che riceviamo nello stesso momento potrebbero essere percepite come non importanti e trascurate. A questo punto interviene l'ingegneria sociale: è possibile cioè sfruttare la semplicità e la tendenza all'abitudine della natura umana per introdurre idee e stimoli che il bersaglio avrebbe ignorato in contesti diversi.

Consideriamo per prima cosa un esempio di come questa tendenza può essere pericolosamente sfruttata in maniera criminale. Immaginiamo di essere in ufficio, magari subito dopo la pausa pranzo, di venerdì. Siamo stanchi e vulnerabili e desideriamo solo che la giornata finisca il più in fretta possibile per goderci il weekend. All'improvviso ci arriva una mail dal nostro capo: c'è un importante affare da concludere entro sera, bisogna trasferire del denaro al cliente XXX. Desiderosi di concludere questo compito velocemente, ci mettiamo subito al lavoro: non perdiamo neanche tempo a rileggere l'email una seconda volta. Di conseguenza, è probabile che solo il lunedì successivo il nostro capo ci farà notare che abbiamo trasferito dei soldi a qualcuno che non ha niente a che fare con l'azienda, e che l'indirizzo email da cui è arrivata la comunicazione non è affatto il suo, sebbene abbia molti caratteri simili. Il mind hacker, in questo caso un vero e proprio truffatore, ha approfittato del momento in cui, per definizione, tutti sono più stanchi del solito per sfruttare al massimo la semplicità della mente umana.

Un esempio che invece sfrutta questa caratteristica in maniera persuasiva ma non truffaldina è il funzionamento dei post sponsorizzati su Facebook e Instagram: quando scorriamo la nostra *home* o le *stories* siamo solitamente rilassati, vogliamo solo prenderci un momento di pausa dalla frenesia della giornata e non facciamo troppa attenzione agli stimoli che riceviamo. Spesso, quindi, non ci accorgiamo neanche che le inserzioni su cui clicchiamo o i video che guardiamo non sono lì perché li abbiamo selezionati scegliendo di seguire le pagine che li pubblicano, ma sono inserzioni a pagamento che arrivano a noi perché sponsorizzate dal proprietario. Se la sponsorizzazione è stata mirata, il contenuto incontra i nostri gusti: di conseguenza non solo non stride con il resto dei post nella nostra *home*, ma è anche una gradita scorciatoia per trovare siti interessanti senza neanche doverli cercare.

La seconda caratteristica della mente umana da cui l'ingegneria sociale può trarre vantaggi è la sua tendenza all'*assistenza*. Gli esseri umani hanno cioè l'innato bisogno di essere di aiuto agli altri in qualche modo, anche quando non è ben chiaro chi o cosa stanno aiutando. Ad esempio, se si riceve una telefonata con una richiesta di informazioni apparentemente innocue che sarebbero d'aiuto ad un ignoto interlocutore, spesso il bersaglio reagisce con la più completa fiducia e risponde a tutte le domande che gli vengono poste. Tenendo conto però che il reperimento di informazioni è tra gli obiettivi fondamentali di qualunque hacker, da un evento del genere possono scaturire situazioni anche gravi per la vittima. Riprendiamo infatti l'esempio dell'impiegato stanco al venerdì pomeriggio che abbiamo usato per spiegare il concetto di *semplicità*: l'hacker è stato in grado di creare un indirizzo email *fac simile* perché sicuramente conosceva l'indirizzo originale o almeno il nome del capo. Come potrebbe aver acquisito queste informazioni? Niente di più semplice: è sufficiente fare un'innocente telefonata in ufficio, magari ad un impiegato diverso da quello vittima dell'attacco, e chiedere l'indirizzo email di alcune figure di riferimento. Perché l'interlocutore dovrebbe negare un'informazione del genere? Apparentemente, non si tratta di un dato sensibile: il processo di hacking sta proprio nell'aver usato un oggetto innocuo e inutile – un indirizzo email – per ottenere un vantaggio (il versamento di soldi).

Una strategia che si serve della tendenza all'assistenza per promuovere un prodotto è, ad esempio, la creazione di una campagna basata sulla beneficienza: sapere che parte del ricavato da un acquisto andrà a beneficio di un ente caritatevole o anche solo ad aiutare un progetto interessante stimola il bisogno innato in ognuno di noi di sentirci utili. L'eventuale frivolezza dell'acquisto passa in secondo piano a fronte della possibilità, con questo gesto, di essere concretamente di aiuto a qualcuno.

La terza sfaccettatura della natura umana di cui tener conto è la tendenza alla *familiarità*: ci sentiamo a nostro agio e abbassiamo la guardia quando siamo in situazioni che conosciamo bene e ci fidiamo delle persone che ci circondano. Questa caratteristica viene usata per costruire alcune tra le più pericolose truffe che si occupano di mind hacking: in questi casi, il manipolatore fa parte dello stesso ambiente lavorativo o sociale della vittima e la sua vicinanza lo rende quindi ancora più pericoloso.

Nell'ambito del marketing, questa tendenza viene sfruttata ad esempio nelle vendite dirette di cosmetici: le rappresentanti, prevalentemente donne, sono persone comuni, spesso senza una formazione professionale nell'ambito della vendita. Vengono istruite perché vendano i prodotti per lo più a conoscenti e amiche. Il meccanismo funziona proprio perché siamo più propensi ad ascoltare una persona che conosciamo. Per il solo fatto che il venditore ci è *famigliare*, infatti, ci sentiamo a nostro agio durante l'interazione commerciale e siamo convinti che non possa venderci qualcosa di scadente o dannoso.

Infine, molte strategie di ingegneria sociale si basano su un'ultima caratteristica della mente umana, che è l'*emotività*. I nostri meccanismi decisionali, infatti, sono fortemente influenzati da emozioni come ansia, paura e disgusto. Diversi attacchi truffaldini, infatti, funzionano proprio perché fanno leva sulla paura del bersaglio: l'hacker mette cioè la vittima nella condizione di fornire dati sensibili perché è in preda a sentimenti di ansia e stress indotti da informazioni spesso false.

Alcuni tentativi di truffa che si basano su questo metodo sono dei casi al limite del furto d'identità: l'hacker simula il tono di voce di una persona cara alla vittima per convincerla che si trova in pericolo e che l'unica cosa che può fare per essere d'aiuto è consegnare un ingente somma di denaro a qualcuno. Immaginate di essere tranquilli in casa quando all'improvviso ricevete una chiamata da un numero sconosciuto e risponde vostro figlio. Parla in fretta, non riuscite a capire tutto quello che dice ma una cosa è chiara: è in pericolo, ha appena avuto un grave incidente e solo consegnando il prima possibile una forte somma in contanti a qualcuno che verrà a prenderla per conto suo potrete salvarlo. È molto probabile che dopo una telefonata del genere consegnerete tutti i vostri soldi a uno sconosciuto, che poi scomparirà nel nulla. Nel mentre gli hacker avranno probabilmente provveduto a tenere occupata la vostra linea telefonica, in modo da impedirvi di mettervi in contatto con vostro figlio tramite il suo vero numero di telefono.

Si tende a pensare che queste situazioni siano inverosimili: com'è possibile che un genitore non riconosca la voce del figlio? Come può non insospettirsi davanti a diverse chiamate anonime? Se questi dubbi ci sembrano ostacoli invalicabili, sottovalutiamo l'emotività degli esseri umani e il totale *blackout* cerebrale che avviene quando siamo in stato di forte ansia e preoccupazione. Un mind hacker sa perfettamente come suscitare questo stato nella sua vittima e per questo bisogna essere preparati a difendersi.

Sebbene le strategie di ingegneria sociale che sfruttano alcune delle sfaccettature qui descritte siano per lo più illegali o comunque abbiano come fine la truffa, è importante notare che su questi aspetti della natura umana fa leva anche un tipo di mind hacking che sperimentiamo tutti, tutti i giorni, e che è la base del marketing digitale.

Fare leva sulle debolezze altrui per ottenere un vantaggio di qualche tipo, infatti, è il comportamento tipico del *persuasore*. Siamo persuasivi ogni volta influenziamo il modo in cui gli altri prendono delle decisioni in modo da trarne un profitto ed è probabile che, senza neanche accorgercene, facciamo leva su una delle quattro sfaccettature della natura umana appena descritte.

Il concetto di persuasione è stato studiato a lungo da Robert Cialdini, uno dei massimi esperti al mondo di psicologia sociale. Nel prossimo capitolo analizzeremo nel dettaglio i sei principi della persuasione che ha stabilito nel corso della sua ricerca e le loro applicazioni a diversi ambiti.

CAPITOLO 4

I 6 principi della persuasione

Un mind hacker è anche un persuasore: infatti per raggiungere il suo scopo, ossia la riprogrammazione della mente umana, ha bisogno di agire sulle motivazioni che portano le persone a compiere determinate scelte e non altre.

Gli studi di psicologia della persuasione : gli esseri umani sono in parte irrazionali, le emozioni hanno quindi un ruolo importante nel processo di *decision making*. Definiamo quindi "comunicazione persuasiva" l'insieme delle tecniche che permettono di modificare atteggiamenti altrui senza usare inganno o coercizione.

I 6 principi individuati da Cialdini si propongono di mettere ordine nell'irrazionalità dell'animo umano e costituiscono un'utile schematizzazione dei processi e degli stimoli che possono essere sfruttati per influenzare una decisione. Ricordiamo infatti che, come illustrato nel Capitolo 3, la mente umana è fondamentalmente semplice: tendiamo ad abbassare le difese ogni volta che possiamo e, dato che prendere decisioni è un processo continuo e faticoso, il nostro inconscio è ben felice di usare delle *scorciatoie mentali* non appena può.

Queste scorciatoie sono definite *euristiche* nell'ambito della comunicazione persuasiva e hanno la funzione di velocizzare il processo decisionale. Secondo Cialdini, le sei euristiche fondamentali della mente umana sono:

- Reciprocità
- Coerenza
- Riprova sociale
- Simpatia
- Autorità
- Scarsità.

Analizziamo ora nel dettaglio ognuno di questi principi e scopriamo quali applicazioni trovano nel mind hacking.

Il principio di *reciprocità* si basa a sua volta sulla teoria antropologica del dono di Marcel Mauss. Lo scambio di beni è stato il punto di inizio della civiltà come la conosciamo, ed è tuttora uno dei modi più comuni per allacciare relazioni interpersonali. Il meccanismo del dono si basa su tre momenti fondamentali: dare, ricevere e quindi accettare, ricambiare. Ricambiare è un obbligo morale e il principio di reciprocità di Cialdini parte proprio dall'assunto che, una volta ricevuto un favore, fa parte della natura umana l'impulso di sdebitarsi in qualche modo.

Il principio di reciprocità si applica ai più svariati ambiti della vita: quando si riceve un invito a cena, è naturale organizzarsi per ricambiare la cortesia il prima possibile; quando qualcuno ci consiglia un'opportunità lavorativa che si rivela effettivamente redditizia, ci sentiremo in debito e cercheremo ad esempio di offrirgli da bere non appena si presenta l'occasione.

Nell'ambito del marketing digitale, il principio di reciprocità si applica in particolare a tutte quelle attività – blog, piccole case editrici e simili – che offrono contenuti gratuiti. Questo accade perché, come accennato prima, ricambiare è un obbligo morale, non un meccanismo di vendita.

Se quindi, ad esempio, pubblico dei contenuti su un blog che fa informazione, posso chiedere in cambio agli utenti di condividere i miei articoli, di seguirmi sui social o di iscriversi alla mia newsletter. Non sto percependo nessun compenso per il beneficio che i lettori traggono dal mio lavoro (informazione e intrattenimento, in questo caso) e dunque è naturale che questi si sentano in dovere di ricambiare in qualche modo l'investimento di tempo ed energie che sto mettendo in atto.

Per ottenere un ulteriore esempio, prendiamo in considerazione le *landing pages*, cioè quelle pagine che vengono raggiunte mentre si naviga sul web dopo aver cliccato su un link o una pubblicità e che sono strutturate in modo da costituirne un naturale estensione. Molte di queste pagine offrono contenuti gratuiti – abbonamenti di prova, ebook facilmente scaricabili – che possono essere però prolungati o approfonditi solo dietro pagamento di una certa somma. È più probabile che l'utente medio prosegua l'uso del servizio dopo aver ricevuto una parte di benefici gratuiti; si sentirà cioè portato a ricambiare il presunto favore che il brand o l'impresa gli ha fatto mettendo a disposizione un contenuto.

Secondo Cialdini, la caratteristica principale della reciprocità è il suo essere *soverchiante*: è cioè molto potente nel raggiungere il suo scopo, in quanto si fonda su un principio antropologico che è a sua volta alla base di ogni cultura umana. Tra le caratteristiche che rendono potente questo principio c'è la sua capacità di imporre debiti non sollecitati, innestando cioè il meccanismo della reciprocità sulla base di favori che non sono mai stati richiesti. Da qui scaturisce la possibilità di imporre degli scambi non equi: l'utente che si sente in dovere di acquistare un prodotto nello *store* da cui ha scaricato diversi ebook gratuiti sta probabilmente fruttando all'azienda molto più di quanto sia costata la produzione degli ebook in questione.

Il secondo principio della persuasione proposto da Cialdini è la *coerenza*. Fa parte della natura umana voler apparire coerenti e affidabili e dunque proseguire un impegno una volta che è stato intrapreso. Questo ci porta, ad esempio, a difendere le decisioni che abbiamo preso in precedenza: lo facciamo non necessariamente perché siamo convinti della loro validità, ma soprattutto per mostrarci fedeli a noi stessi nel proseguire l'impegno preso. Nessuno vuole apparire inaffidabile o incoerente, e se per tutelare un'immagine positiva di sé è necessario spendere una piccola somma di denaro, la maggior parte dei consumatori è disposta a farlo.

Riprendiamo l'esempio del mese di abbonamento gratuito offerto da diversi erogatori di servizi. Quante persone smettono effettivamente di usufruire del prodotto dopo quel mese? Evidentemente abbastanza poche perché l'affare sia comunque conveniente per l'azienda: la combinazione del principio di reciprocità e del bisogno di mostrarsi coerenti fa sì che davvero in pochi casi l'abbonamento venga davvero interrotto al termine della prova gratuita.

Un altro esempio è quello del reso gratuito: diversi siti di acquisti online usano una formula "soddisfatti o rimborsati" che consente di restituire il prodotto dopo un certo periodo di tempo in caso non incontri le nostre esigenze o il nostro gusto. Ma, a parte casi eclatanti, quante volte ci è capitato di restituire davvero un prodotto solo perché non è utile come pensavamo o perché in foto ci piaceva di più? Spesso sentiamo un inspiegabile e ingestibile senso di colpa quando ci apprestiamo ad annullare l'acquisto e chiedere il rimborso: è il nostro bisogno di mostrarci coerenti che ci tormenta e ci fa pensare che, tutto sommato, è meglio tenerci il prodotto che non ci piace poi così tanto che comportarci in maniera inaffidabile.

Il principio della coerenza non si applica solo ad azioni tangibili come l'acquisto di un prodotto o la sottoscrizione di un abbonamento, ma anche e soprattutto alle idee. Se affermiamo di credere in qualcosa, difficilmente durante una discussione mostreremo di aver cambiato idea o rinunceremo a compiere delle azioni che supportano la nostra tesi. Questo comportamento pone le basi per le strategie dei venditori diretti, soprattutto quelli che promuovono l'iscrizione ad associazioni no profit.

Ad esempio, immaginate di star camminando tranquillamente per strada quando una persona giovane, ben vestita e dall'aria affidabile vi chiede: *"Pensi che salvaguardare l'ambiente sia importante?"* All'inizio non vi accorgete neanche del block notes e del distintivo che l'interlocutore indossa (ricordiamoci che la mente umana tende a semplificare), né del tipico banchetto da raccolta firme a pochi passi da voi. Davanti ad una domanda del genere, così innocente e ovvia, chi risponderebbe di no? Ed ecco che vi ritrovate prima a intraprendere una conversazione sui cambiamenti climatici e sui rischi per l'ambiente: ormai avete capito che chi vi ha fermato ha un obiettivo, ma siete convinti di poter gestire la cosa, e in fondo fare quattro chiacchiere non vi dispiace. Prima che ve ne rendiate conto avete firmato una petizione e a quel punto siete ormai troppo esposti con il vostro interlocutore per tirarvi indietro: ecco che comprate uno spazzolino a impatto ambientale zero o a sottoscrivete l'abbonamento annuale ad un'associazione *green*. Dopotutto, avete appena affermato che l'ambiente per voi è importante, ne parlate da qualche minuto e avete anche sottoscritto una petizione a riguardo: bloccarvi prima di aver svolto un effettivo passo per salvaguardarlo, per risparmiare pochi spiccioli, vi farebbe apparire degli incoerenti millantatori. In questo modo, il principio di coerenza è stato messo in atto per spingervi ad un'azione favorevole per il vostro interlocutore.

Il terzo principio di Cialdini è il principio della *riprova sociale*. Secondo questa teoria, gli esseri umani tendono a conferire validità e autorevolezza a comportamenti che vengono adottati da un grande numero di persone. È il meccanismo alla base della diffusione delle mode e fonda la sua efficacia, ancora una volta, sulla tendenza della natura umana a semplificare (o, se vogliamo, sulla nostra pigrizia congenita). Abbiamo già detto che prendere decisioni è faticoso: perché, allora, dovremmo fare questo sforzo se qualcuno l'ha già fatto prima di noi e possiamo semplicemente fidarci degli altri?

Il caso più eclatante è quello in cui bisogna scegliere un ristorante in cui andare a cena in una città sconosciuta: se ci troviamo davanti un locale semivuoto e uno pieno di gente, saremo più inclini ad entrare nel posto affollato: se tutti ci vanno, ci sarà un buon motivo! Spesso non ci preoccupiamo neanche di controllare le eventuali differenze tra i due posti (listino dei prezzi, menu), perché nessuna analisi accurata potrebbe contrastare l'istintiva sensazione che il posto affollato *deve* essere migliore dell'altro.

Sullo stesso meccanismo psicologico si basa il sistema della valutazione dei prodotti tramite stelline nei siti di acquisti online. Per questo motivo, per i gestori è estremamente importante raccogliere le recensioni dei clienti più soddisfatti e metterle in evidenza, facendone in alcuni casi il fulcro di una campagna pubblicitaria. Anche le recensioni negative possono rivelarsi utili: una risposta accurata e precisa del gestore potrebbe a sua volta influenzare positivamente l'opinione dell'utente.

Questo principio non si applica solo a situazioni legate al marketing in cui bisogna scegliere un ristorante o un prodotto da acquistare, ma investe in senso più generale il modo in cui decidiamo cosa è giusto e cosa è sbagliato, e a volte anche cosa è vero e cosa è falso. Consideriamo ad esempio il meccanismo di diffusione delle *fake news*: spesso viaggiano indisturbate per ore prima di essere smentite perché è molto più facile affidarsi alla riprova sociale che addentrarsi in un processo di verifica delle fonti. Se dieci contatti sulla nostra home social hanno condiviso una certa notizia, allora tenderemo a credere che è vera: probabilmente, solo dopo averla condivisa a nostra volta ci accorgeremo che il quotidiano che l'avrebbe pubblicata ha un nome quantomeno strampalato e che ci siamo resi ridicoli davanti al web.

Secondo Cialdini, questo principio viene amplificato da tre fattori principali. Prima di tutto, il numero di persone che svolge l'azione da imitare: di sicuro siamo più propensi ad ordinare a domicilio da una pizzeria che ha 150 recensioni piuttosto che da una che ne ha 5, anche se fossero tutte positive.

Gioca inoltre un ruolo fondamentale la somiglianza, ovvero l'analogia e l'empatia tra chi è indeciso e chi ha già svolto l'azione. Riprendendo l'esempio dei due ristoranti tra cui scegliere dove cenare, la nostra propensione ad andare in quello già affollato sarà ancora più accentuata se gli avventori appartengono alla nostra stessa fascia d'età.

Infine, si è tanto più influenzabili dal parere della massa quanto più si è indecisi sul compimento di una data azione o sull'opinione da avere davanti a un fatto di cronaca. Questo accade, ad esempio, quando è in corso un dibattito sociopolitico su temi tecnici e specifici con cui non abbiamo dimestichezza. Informarsi è difficile e complesso, quindi molta gente tenderà ad assimilare la sua opinione a quella della maggioranza, in assenza di adeguati strumenti per formare un'idea autonoma.

Il quarto principio di Cialdini si basa sul concetto di *simpatia*: preferiamo beneficiare in qualunque modo persone che ci piacciono, che appaiono gradevoli e attraenti o che in qualche modo già conosciamo. Il tipo di beneficio può spaziare dall'acquisto di prodotti all'iscrizione ad una newsletter, o può anche consistere in un semplice favore: l'istintiva simpatia è un'arma potentissima e stimolare questo meccanismo nella persona che vogliamo influenzare è fondamentale per ottenere il risultato sperato.

Per farlo, bisogna tener conto di tutte le caratteristiche che suscitano simpatia in un utente. Prima di tutto, come accennato riguardo la riprova sociale, tendiamo a fidarci di chi ci somiglia. Avere delle caratteristiche in comune con un venditore, dall'età al sesso fino al paese di origine e ai gusti musicali, ci rende più ben disposti ad ascoltare la sua offerta e eventualmente ad acquistare il suo prodotto. Sentiamo familiarità con questo tipo di persone e abbiamo la sensazione che, spendendo i nostri soldi per i loro prodotti, stiamo in qualche modo aiutando qualcuno che è come noi.

Un esperimento suggerito da Cialdini che evidenzia come la famigliarità agisca sul nostro inconscio influenzando le nostre scelte è quello della doppia fotografia. Consideriamo due fotografie di noi stessi, una normale, che ci ritrae in primo piano, e una in cui l'immagine è riflessa a specchio. I risultati dell'esperimento indicano che, se mostriamo le due fotografie agli amici, tendenzialmente preferiranno quella normale, mentre a noi piacerà di più l'immagine a specchio. Questo accade perché gli altri sono abituati a vederci dall'esterno, come nella prima fotografia, mentre noi abbiamo *familiarità* solo con la nostra immagine riflessa!

Sulla base di questo principio, diversi brand tendono ultimamente ad usare per le proprie campagne pubblicitarie dei testimonial che siano più vicini per età e aspetto fisico alle persone normali e quindi ai possibili destinatari delle offerte. Sempre più campagne di intimo femminile, ad esempio, puntano più su modelle in cui le acquirenti possono direttamente identificarsi che sull'assunzione della diva di turno dal corpo perfetto. È importante infatti che i clienti possano entrare in empatia con chi sta cercando di vendere il prodotto: è facile stabilire una connessione con qualcuno che potremmo incontrare ogni giorno per strada e che potenzialmente condivide i nostri stessi problemi, mentre faticheremo a identificarci in una persona famosa, per la quale immaginiamo uno stile di vita totalmente diverso dal nostro e basato su condizioni economiche irraggiungibili.

Per le stesse ragioni, le celebrità che usano regolarmente le storie di Instagram tendono ad essere più apprezzate dal pubblico, soprattutto dai giovani. Questo accade proprio perché questi brevissimi video permettono delle piccole incursioni nella vita quotidiana delle celebrità, mostrandocele in una veste insolita: senza trucco, mentre cucinano, alle prese con la quotidianità. Proprio nel momento in cui ci accorgiamo che anche gli attori e gli influencer sono delle persone normali, come noi, la nostra simpatia per loro raggiunge il livello massimo.

Queste considerazioni sono complementari ad un secondo importante elemento per l'applicazione del principio della simpatia, cioè la bellezza: siamo ovviamente attratti da ciò che è gradevole agli occhi. Non dobbiamo però pensare che per attrarre clienti o utenti sia per forza indispensabile un aspetto fisico da attori hollywoodiani: la gradevolezza passa soprattutto attraverso la cura, i dettagli, la pulizia. Per quanto ci faccia sentire superficiali ammetterlo, l'aspetto fisico di chi sta comunicando con noi è importante quando dobbiamo scegliere se acquistare un prodotto o persino se cambiare o no canale. Un esempio eclatante è il caso del notiziario statunitense Fox News, al centro del film *Bombshell* (2019) per le vicende legate al movimento *me too*. Prima ancora di essere noto per questo scandalo sessuale, tuttavia, Fox News è diventato famoso in quanto primo notiziario a introdurre le *leg-cam*, ossia le telecamere che inquadravano a figura intera i giornalisti (molto più frequentemente, le giornaliste) durante le trasmissioni. Questa scelta fece aumentare in maniera esponenziale lo share di Fox News rispetto a quello dei notiziari concorrenti. *Bombshell* ci mostra poi la premeditazione che c'era dietro l'uso di queste telecamere (alle dipendenti era fortemente sconsigliato di presentarsi a lavoro indossando i pantaloni), ma il nucleo fondante dell'idea si basa proprio sul principio della simpatia: siamo propensi a guardare qualcosa tanto più è esteticamente gradevole e questo si applica anche ad un campo che potrebbe apparire neutro, come un notiziario televisivo.

Infine, ci ispira simpatia chi ci fa dei complimenti. Anche se pensiamo di essere del tutto consapevoli che l'apprezzamento è insincero o per lo meno mirato ad ottenere qualcosa da noi, è molto difficile mantenerci indifferenti alle lusinghe. Se il commesso del negozio di abbigliamento in cui stiamo facendo acquisti ci garantisce che il completo o il vestito che abbiamo appena provato ci stanno benissimo, e che non è facile trovare clienti a cui quell'indumento calzi così a pennello, difficilmente riusciremo ad appigliarci alla razionalità e a dirci che il commesso in questione fa solo il suo lavoro e forse ripete le stesse cose ad ogni cliente. Molto probabilmente usciremo dal negozio felici e soddisfatti, con il nostro nuovo acquisto in un sacchetto, e quando lo sfoggeremo con parenti e amici racconteremo a tutti il complimento ricevuto.

Il quinto principio di Cialdini è quello dell'*autorità*: ci fidiamo maggiormente di persone a cui uno status professionale, l'esperienza o l'anzianità conferiscono autorevolezza in un determinato ambito. La deferenza per l'autorità e il potere costituito è insita nella natura umana, e le più grandi tragedie della storia si sono consumate anche per questo motivo. Qui, tuttavia, non parliamo di un'autorità di tipo gerarchico: non è detto che la persona con cui stabiliamo un rapporto di fiducia in base a questo principio ricopra cioè una effettiva posizione di potere o sia estremamente competente nell'ambito in questione. L'autorevolezza di cui parla Cialdini è la qualità che contraddistingue chi è in grado di coinvolgere gli altri e di influenzarne i comportamenti, è dunque molto più simile al carisma che alla reale preparazione.

Tutti noi, ad esempio, probabilmente seguiamo sui social degli esperti che fanno divulgazione scientifica in diversi ambiti, dalla medicina all'astrofisica, e corriamo a leggere il loro parere non appena viene annunciata una scoperta o nasce un dibattito relativo al loro specifico campo di competenza. Ci fidiamo della loro opinione non solo perché sono persone che hanno studiato quegli argomenti e hanno diverse qualifiche professionali: certo, questo è importante, ma assumendo che questi campi scientifici siano a noi del tutto sconosciuti, non abbiamo gli strumenti per valutare quanto i titoli professionali vantati siano effettivamente autorevoli in un contesto accademico. Ci fidiamo perché queste persone hanno sapientemente costruito una rete di divulgazione e ci hanno parlato con un tono tale da convincerci che padroneggiano bene quel contesto, che insomma non esiste una fonte di informazione più autorevole a cui attingere se vogliamo essere aggiornati su quel determinato campo della scienza (certo, potremmo impegnarci in prima persona e fare qualche ricerca sulle fonti, ma ricordiamo: la mente umana semplifica il più possibile e siamo fondamentalmente pigri).

Secondo Cialdini, l'autorità ha tre caratteristiche fondamentali nell'ambito della psicologia della persuasione. Prima di tutto, come abbiamo accennato, la connotazione, ossia la rappresentazione dell'esperto che parla, vince sulla sostanza, ossia il contenuto del suo discorso. Questo ci porta al secondo punto fondamentale, ossia l'aspetto fisico di chi parla: si dice sempre che l'abito non fa il monaco, ma nel marketing non è così! Ad esempio, un camice bianco ci fa pensare automaticamente a un medico e ci porta a fidarci delle affermazioni di chi lo indossa, senza necessariamente aver bisogno di verificarne le qualifiche professionali. I titoli sono proprio l'ultimo punto che forma l'autorità: spesso sono sfoggiati e ostentati, ma, per l'appunto, è difficile stabilirne la caratura per chi non fa parte dell'ambito di competenza in questione.

L'esempio più lampante di come sul web funzioni questo tipo di principio è quello degli influencer: ci fidiamo delle loro scelte in fatto di moda, letture e alimentazione in parte grazie al principio della simpatia, ma soprattutto perché siamo davvero convinti che padroneggino con sicurezza gli ambiti in cui si muovono, ci facciamo avvolgere dal loro carisma e finiamo per credere che condividere le loro scelte ci farà necessariamente del bene.

Un'altra applicazione del principio di autorità nell'ambito del marketing è l'impiego di un testimonial che abbia una certa connessione con il brand in questione: saremo più inclini ad acquistare abbigliamento sportivo di una certa marca, ad esempio, se viene pubblicizzata da un atleta affermato. In generale, nelle inserzioni pubblicitarie che sfruttano questo principio vengono spesso usate parole come *qualità*, *controllo*, *esperto*, *formazione*.

Il sesto e ultimo principio si basa sul fatto che ogni cosa appare più desiderabile e necessaria quanto meno è disponibile: è il principio della *scarsità*. Fa parte della natura umana la tendenza a voler accumulare il più possibile di un bene che appare limitato nel tempo. La paura di perdere qualcosa è una spinta ad agire più forte della prospettiva di futuri guadagni: è su questo che fanno leva le offerte a tempo, che si proclamano disponibili solo per un limitato periodo di tempo.

In alcuni casi è realmente così: la maggior parte dei siti su cui prenotare mezzi di trasporto o alberghi mette a disposizione offerte convenienti solo per periodi limitati nel tempo, spingendo dunque il cliente ad una prenotazione tempestiva o comunque contestuale alla ricerca. Questo tipo di strategia unisce due pilastri fondamentali del principio di scarsità: mostra il prodotto come raro e allude al poco tempo che resta per accaparrarselo. È, ad esempio, anche il modo in cui funzionano le edizioni limitate di film, libri o oggetti da collezione: esistono pochi esemplari al mondo di un dato oggetto e questo incrementa esponenzialmente il loro valore, aggiungendo inoltre un valore simbolico.

Un'applicazione più sottile del principio di scarsità fa leva invece sul concetto di esclusività. Quando un nuovo modello di cellulare viene lanciato, ad esempio, è sempre effettuato un aumento di prezzo, non necessariamente accompagnato da effettivi miglioramenti tecnici. L'aumento di prezzo rende il prodotto esclusivo: non è scarso nel senso più stretto del termine, ma è più costoso e quindi più difficile da ottenere. Questo lo rende più desiderabile, in quanto chi lo acquista viene spinto dalla speranza inconcia che lo status di esclusività venga trasferito dal prodotto all'acquirente.

La forma più semplice di scarsità è invece quella innescata dall'eccesso di domanda: in questo caso un bene non è reperibile per il solo fatto che tutti vogliono entrarne in possesso. Questo evento è solitamente una conseguenza delle mode e quindi dell'applicazione del principio di riprova sociale. Il fatto che molti prima di me abbiano acquistato un dato oggetto gli conferisce valore, di conseguenza io voglio acquistarlo, e non trovarlo disponibile immediatamente lo rende ancora più desiderabile.

Per individuare quella che è forse la più famosa applicazione del principio della scarsità dobbiamo rivolgerci per un momento alla letteratura per ragazzi. Tutti conosciamo la storia de *La fabbrica di cioccolato* di Roald Dahl: l'estroso cioccolatiere Willy Wonka decide di nascondere cinque biglietti d'oro nelle tavolette di cioccolata prodotte dalla sua fabbrica e inviate il tutto il mondo. Solo i fortunati che troveranno questi inviti potranno accedere per un giorno alla misteriosa fabbrica di cioccolato, dove nessuno entra da anni. Il principio di scarsità si mostra qui in tutta la sua potenza: l'ingresso alla fabbrica è una posta in gioco estremamente esclusiva, la probabilità di ottenere questo privilegio è bassissima e la reazione dell'umanità intera è proprio quella prevista da Cialdini: tutti – anche chi non ha nessun particolare interesse per il cioccolato – corrono a fare rifornimento di prodotti Wonka. Se Willy fosse stato così lungimirante da alzare i prezzi delle sue tavolette di cioccolato, avremmo assistito ad una applicazione ancora più fine del principio di scarsità.

Recentemente, Cialdini ha aggiunto ai principi già esistenti un settimo principio, che è quello dell'unità: siamo più propensi a dire di sì ai comunicatori con cui riconosciamo un senso di unità, con i quali si stabilisce cioè una confidenza, reale o presunta, che esclude il resto della gente. Questo principio si basa sul fatto che l'essere umano è fondamentalmente gregario (o, per dirla come farebbe Aristotele, un *animale sociale*): sentirci parte di un gruppo è una caratteristica fondamentale per il nostro benessere. Un buon persuasore è quindi in grado di creare nei suoi seguaci il senso di *community*. È quello che accade, ancora una volta, sui profili di molti influencer: chi sa usare bene il principio di unità si rivolge ai suoi follower come se fossero parte di un gruppo coeso grazie a delle caratteristiche comuni ben precise. Questo avviene dando un nome alla comunità e quindi a tutti coloro che farebbero parte di questo gruppo, condividendo immagini e slogan e, dove possibile, stimolando la partecipazione ad eventi.

Questi principi ci mostrano che, nonostante siamo convinti di essere padroni delle nostre scelte, non è totalmente così: la natura stessa della nostra mente è insidiosa, si piega a meccanismi e scorciatoie che ci rendono facilmente schematizzabili e quindi studiabili.

Nel prossimo capitolo ci concentreremo sul canale tramite cui il messaggio persuasivo viene trasmesso: parleremo cioè di comunicazione persuasiva.

CAPITOLO 5

La comunicazione persuasiva

La comunicazione scritta o orale è il punto di partenza di ogni strategia di persuasione, è dunque utile soffermarsi sulle tecniche che la rendono chiara, efficace e adeguata allo scopo.

Quando parliamo di comunicazione è prima di tutto importante specificare che non ci riferiamo alla mera comunicazione verbale, ossia alle parole che usiamo, ma soprattutto alla comunicazione non verbale, ovvero, come usiamo le parole: con quale tono le pronunciamo, con quali gesti le accompagniamo.

L'arte della comunicazione persuasiva affonda le sue radici nell'Antica Grecia, dove aveva il nome di retorica: un buon oratore era in grado di padroneggiare perfettamente le parole e, tramite alcune regole fondamentali, sapeva convincere l'interlocutore ad abbracciare la sua tesi senza lasciar spazio ad alcun dubbio. Quest'arte diede origine al movimento filosofico dei sofisti, termine quasi spregiativo con cui si indicavano proprio gli individui in grado di giocare con le parole fino a convincere l'uditorio sia di un fatto che del suo contrario. Anche oggi, il termine *sofismi* indica le argomentazioni arzigogolate che si allontanano dal nocciolo del problema per creare un'impalcatura di parole che finisce per convincere inevitabilmente di qualunque cosa chi sta ascoltando.

Oggi la comunicazione persuasiva è molto diversa rispetto al passato: sono cambiate prima di tutto le modalità con cui i messaggi persuasivi ci raggiungono, poi il loro scopo (la persuasione oggi è un vero e proprio business), infine le strategie sono più sottili e complesse. Ciò nonostante, le tre leggi della retorica classica restano un ottimo punto di partenza per addentrarsi nelle regole della comunicazione persuasiva contemporanea.

Per Aristotele, esistevano tre specie di argomentazioni fondamentali per persuadere con un discorso: *Ethos*, *Pathos* e *Logos*. L'*Ethos* è legato a colui che trasmette il messaggio e indica la credibilità che l'oratore dovrebbe avere (ci ricordiamo, qui, il principio di *autorità* di Cialdini). Il *Pathos* invece riguarda i sentimenti che il discorso è in grado di suscitare negli ascoltatori, si riferisce quindi a coloro che stanno ricevendo il messaggio persuasivo. Abbiamo diffusamente approfondito l'evidenza che la natura umana è per buona parte irrazionale: gli antichi Greci avevano già capito che la capacità di commuovere era una componente fondamentale di qualunque tentativo di persuasione. Infine, il *Logos* riguarda il contenuto del discorso in sé: è la parte ordinata e razionale della comunicazione e richiede di essere chiari e attendibili.

È compito della retorica, secondo il filosofo, scoprire quale di questi tre mezzi di persuasione si adatta meglio ad ogni soggetto. Questo ci ricorda il lavoro del mind hacker, il cui compito è analizzare la realtà e adattarla alle proprie esigenze: Aristotele potrebbe insomma essere stato il primo mind hacker della storia!

Nonostante le evidenti differenze tra gli stili comunicativi attuali e quello che ha ispirato Aristotele, i suoi tre capisaldi sono ancora un buon punto di partenza per stilare delle regole che governino la comunicazione persuasiva contemporanea. A prescindere dall'epoca, infatti, i tre elementi fondamentali della comunicazione sono ancora il comunicatore, il messaggio e l'uditorio.

Abbiamo definito alcune caratteristiche fondamentali del comunicatore nel capitolo precedente, tramite i principi di simpatia e autorità: è importante che abbia un aspetto curato, che indossi degli elementi che rimandano alla sua qualifica professionale, che usi un linguaggio specifico ma comprensibile, in modo da trasmettere la famosa autorevolezza di Cialdini.

Il messaggio è la parte centrale della comunicazione: perché la persuasione possa avvenire in maniera efficace, è importante prima di tutto che il comunicatore sia convinto della bontà della sua tesi e delle argomentazioni che usa per sostenerla. Nella comunicazione orale, un comunicatore incerto si riconosce dal tono di voce sommesso, dalle pause tra una frase e l'altra, dai lunghi momenti di silenzio. Se il discorso avviene in presenza, anche il linguaggio del corpo può tradire insicurezza.

Un comunicatore convinto delle sue idee è anche in grado di costruire un messaggio chiaro e diretto. La chiarezza, infatti, è la caratteristica fondamentale di qualunque messaggio persuasivo: deve essere evidente cosa volete ottenere dall'altra persona, senza lasciare spazio a dubbi. È necessario usare un linguaggio il più possibile semplice, accessibile: scoprirete che non è facile come sembra! Anzi: più abbiamo le idee confuse, meno è facile esprimerle con semplicità. È possibile quindi che, quando non capite bene cosa vi sta comunicando qualcuno, il problema non parta da voi, ma dall'oratore in questione. È lui o lei che non ha capito bene di cosa sta parlando, dunque è difficile che riesca a trasmettere quel contenuto a qualcun altro.

Per combinare chiarezza espositiva ad una buona azione persuasiva, un espediente utile è quello dello *show, don't tell*. Questa frase vuol dire letteralmente "mostrare, non raccontare" ed è un mantra soprattutto nell'ambito della scrittura creativa. Quando si redige un racconto, ad esempio, è sconsigliato usare gli aggettivi per esprimere le emozioni dei personaggi ed è invece efficace farle trasparire dalle loro azioni.

Ad esempio, invece di scrivere *Claudia era triste*, sarebbe meglio descrivere Claudia mentre ascolta musica deprimente in un angolo buio della sua stanza. Questo modo di agire non è molto diverso da quello necessario alla comunicazione persuasiva: d'altra parte uno scrittore vuole proprio convincere i suoi lettori che i personaggi provano davvero determinate emozioni: vedere Claudia mentre compie le azioni tipiche di una persona triste ci persuade della sua tristezza molto più che essere semplicemente informati dal narratore sul suo stato emotivo. Gli aggettivi ci costringono a *credere* al narratore, le descrizioni ci *mostrano* la situazione che sta raccontando.

Nella comunicazione persuasiva questo ruolo è ricoperto dagli esempi: è necessario illustrare ai destinatari del messaggio situazioni concrete e quotidiane in cui agire nel modo che il persuasore vuole indurre provocherebbe un vantaggio. È molto facile dimenticare un lungo discorso pieno di vaghi propositi; gli esempi, invece, restano nella memoria più a lungo e possono essere rielaborati dai destinatari. Creano una situazione reale e tangibile in cui proiettarsi e, da ricettori passivi del messaggio, i destinatari diventano soggetti attivi che possono prendere una decisione perché ne immaginano le conseguenze. Lo scenario mentale che l'esempio crea è però comunque stato indotto dal comunicatore: qui sta la forza della comunicazione persuasiva.

Un buon messaggio persuasivo è *completo*: ciò vuol dire che tutte le domande che potrebbe suscitare nell'ascoltatore trovano già la loro risposta nel messaggio. Questa regola è fondamentale ad esempio in situazioni apparentemente banali come un annuncio in cui si offrono delle prestazioni lavorative: se nel testo mancano delle informazioni fondamentali come il luogo in cui si svolge l'attività o il prezzo orario è difficile che i potenziali clienti decidano di mettersi in contatto con l'inserzionista per chiedere ulteriori informazioni, soprattutto se il mercato offre molte alternative. Ricordiamo sempre che siamo fondamentalmente pigri: davanti allo sforzo di fare una telefonata o mandare una mail per ottenere un'informazione, chiunque preferirebbe contattare un professionista che mette in chiaro tutte le sue esigenze già nell'annuncio.

Per essere completo, un messaggio deve quindi avere in sé la risposta a tutte le domande che suscita nel destinatario. Nella Grecia classica questo obiettivo veniva raggiunto grazie all'espediente delle domande retoriche, domande cioè che sollevano un problema di cui l'oratore conosce già la soluzione e che fanno da introduzione alla spiegazione dettagliata di un piano d'azione.

Infine, una messaggio persuasivo deve essere

coinvolgente, deve cioè fare leva in maniera efficace sul *Pathos* del destinatario, facendolo sentire coinvolto in prima persona nella questione in oggetto. Per raggiungere questo obiettivo, è sempre più frequente l'uso dello *storytelling*. Con questo termine si indica l'arte del raccontare storie applicata alla comunicazione persuasiva.

Questa tecnica viene utilizzata nelle campagne pubblicitarie di diversi brand, aziende e associazioni no profit e segna il punto di divisione tra la retorica classica e il marketing contemporaneo: per essere convinti ad acquistare un prodotto o ad aderire ad una causa non ci basta più che siano fornite delle argomentazioni convincenti sulle sue prestazioni o caratteristiche, vogliamo anche che ci faccia sentire coinvolti, parte di una comunità. Vogliamo cioè che anche la pubblicità sia una fonte di intrattenimento.

Lo storytelling è proprio la parte della

comunicazione che è in grado di emozionare, di mostrarci come la storia di ogni prodotto va oltre il suo mero utilizzo materiale e ha invece un contesto, un'anima.

Consideriamo ad esempio due brand che producono farina. I due brand sono pressocché identici per qualità e per autorevolezza. Il primo brand imposta una campagna pubblicitaria fondata solo sulla qualità della farina, ci mostra primi piani di pizze e crostate croccanti appena sfornate e ci informa sul minuzioso processo di controllo qualità a cui i prodotti sono sottoposti. Il secondo brand, invece, non si limita a mostrarci uomini e donne che usano la farina per impastare, ma dà loro dei nomi e crea una narrazione coesa che si dipana in varie fasi della campagna pubblicitaria: Lucia usa la farina per impastare la pizza per Paolo, che va a cena da lei. La pizza è buonissima e l'appuntamento è un successo. Nel secondo spot, Lucia e Paolo sono sposati e hanno un figlio, la farina viene usata per preparare una torta di compleanno. La campagna del secondo brand ci appare necessariamente più accattivante, Lucia e Paolo ci rimangono impressi nella mente, ci fanno almeno sorridere ogni volta che compaiono in una interruzione pubblicitaria. Quando andremo al supermercato, probabilmente li assoceremo alla farina del secondo brand e la compreremo.

Questo esempio si riferisce ad un particolare tipo di storytelling: fa uso cioè dell'invenzione di storie e personaggi per raggiungere il suo obiettivo di persuasione. Di solito uno storytelling efficace si concentra anche sulla storia del brand, in modo da creare un senso di comunità nei consumatori (in accordo con il principio dell'unità di Cialdini, ma anche con il principio della simpatia). Un bravo storyteller è in grado di stimolare nel destinatario la sensazione che, usando una determinata farina e non un'altra, diventerà parte di una comunità. Queste campagne pubblicitarie riescono a trasmettere molto bene la sensazione che l'uso di un determinato prodotto possa costituire un punto di contatto tra persone e definire anche una identità individuale.

Riprendiamo l'esempio della farina e immaginiamo uno spot un po' diverso: una madre e una figlia cucinano insieme e usano la farina in questione, è una scena calda e confortevole e trasmette armonia famigliare. Nella scena dopo vediamo la bambina, cresciuta, che cucina a sua volta con i suoi figli: in primo piano sempre la stessa farina. La voce narrante insiste sulla storia del marchio e sulle generazioni di italiani che l'hanno usata per i loro dolci. Lo storytelling, in una pubblicità di questo tipo, stimola negli spettatori un senso di coinvolgimento: la sensazione che emerge è che il prodotto sia una porta d'accesso per una comunità di armonia famigliare e affetti condivisi.

La narrazione, in uno storytelling di successo,

tiene dunque conto di tre elementi principali: l'emozione, è cioè in grado di infondere *Pathos* nei temi trattati; il coinvolgimento, stimola cioè il senso di appartenenza a un gruppo e l'identificazione, la curiosità, ovvero gioca con l'istinto irrazionale della scoperta. Una campagna promozionale basata sullo storytelling deve sviluppare adeguatamente almeno due di questi elementi per essere efficace.

Abbiamo dunque analizzato le caratteristiche principali che un messaggio deve possedere per essere persuasivo. Nei capitoli precedenti abbiamo parlato dei punti di forza del comunicatore nella comunicazione persuasiva (autorità e simpatia) e di tutte le caratteristiche della mente umana che potrebbero rendere il destinatario ben disposto a recepire il messaggio.

Nel prossimo capitolo risponderemo ad una importante domanda: esistono dei destinatari che sono immuni al potere della persuasione?

CAPITOLO 6

Difendersi dal mind hacking: la personalità cognitiva

Nei precedenti capitoli abbiamo analizzato le modalità tramite cui il mind hacking può essere usato per mettere in atto strategie persuasive e per ottenere dei vantaggi in diversi contesti, in particolare nel marketing e nell'autopromozione. Abbiamo anche sottolineato, tuttavia, le possibili insidie che questa tecnica crea quando viene usata a scopo di truffa e di lucro.

Viene naturale quindi porsi una semplice domanda: è possibile difendersi dal mind hacking? Questa teoria poggia le sue basi sulla natura stessa della mente umana, quindi di primo impatto verrebbe naturale rispondere di no: non possiamo opporci al modo in cui funziona la nostra mente, ed è esattamente per questo che i principi della persuasione e le tecniche di manipolazione mentale sono così efficaci.

In realtà, la teoria psicologica del cognitivismo ci insegna che alcuni tipi di personalità sono in grado, se non di diventare totalmente immuni alle tecniche di mind hacking, almeno di difendersi correttamente da esse. Definiamo quindi, per prima cosa, cosa intendiamo quando usiamo la parola *personalità*.

In psicologia, la personalità è definita come l'insieme delle caratteristiche che determinano in che modo un individuo risponde agli stimoli che provengono dall'ambiente in cui si trova. Un aspetto della personalità umana che è fondamentale nella società contemporanea è il *need for cognition* (NFC), letteralmente il *bisogno di conoscere*.

Abbiamo discusso approfonditamente di come gli esseri umani siano, nel profondo, pigri e tendenti a semplificare il più possibile i problemi complessi. In psicologia, si definisce l'insieme di informazioni da elaborare che colpiscono la nostra mente ogni giorno *carico cognitivo*. Di base, gli esseri umani sono quindi portati a ridurre al minimo il carico cognitivo. In realtà, però, ci sono delle importanti differenze individuali di cui tener conto. Possiamo in particolare stabilire due personalità estreme. Da un lato abbiamo avari cognitivi cronici, che cercano di ridurre al minimo ogni situazione in cui il carico cognitivo potrebbe essere elevato, e dall'altro ci sono i pensatori cronici, ossia quegli individui che, al contrario, colgono ogni occasione per portare al massimo il loro sforzo cerebrale. Queste due tendenze possono essere espresse in termini di un fattore che è appunto il *need for cognition*. Le persone con un basso *need for cognition* tendono ad impostare la loro attività cognitiva in modo da risparmiare la massima energia mentale possibile, mentre le persone con un alto *need for cognition* spingono la loro attività cognitiva verso compiti che richiedono un grande sforzo mentale. Questo tipo di personalità trova piacere in compiti intellettualmente difficili e non rifugge la complessità delle situazioni.

Esistono appositi test per misurare il NFC e il livello a cui questa tendenza è presente un in ognuno di noi ha un ruolo fondamentale quando ci troviamo a dover rielaborare delle informazioni. Chi ha un alto NFC, infatti, è più capace di valutare criticamente le informazioni che riceve, di risalire alle fonti ed eventualmente di metterne in dubbio la credibilità.

È evidente il collegamento con i meccanismi di persuasione analizzati nei capitoli precedenti: una persona con un alto NFC tenderà ad essere meno influenzabile dalle strategie di marketing basate sui principi di Cialdini e Il mind hacking e ha più probabilità di sottrarsi alle tipologie di truffe che sono state descritte. Questo non avviene perché i principi della persuasione non sono stati applicati in maniera abbastanza efficace, ma perché nei pensatori critici il bisogno di analizzare le informazioni è più forte della tendenza umana a semplificare.

Il diverso approccio davanti ad uno stimolo persuasivo adottato dalle due diverse personalità è alla base del modello della probabilità di elaborazione (*Elaboration Likelihood Model*) redatto nel 1984 dagli psicologi Petty e Cacioppo. Questo modello riassume i due modi in cui un'informazione può essere rielaborata in base allo stimolo cognitivo di chi la riceve.

Immaginiamo ad esempio un utente che finisce su un sito web in cui viene promossa un'offerta apparentemente imperdibile. Ci sono due possibilità: nel primo caso, l'utente stava navigando in internet senza una vera motivazione ed è capitato sul sito praticamente per caso; nel secondo è stato portato lì da una ricerca consapevole, ha cioè una forte motivazione. A questo punto, l'utente si trova a dover valutare la credibilità del messaggio che ha appena ricevuto. A questo punto è necessaria ancora una distinzione: l'utente può avere una forte competenza nell'ambito che riguarda l'offerta o può non averne alcuna. Secondo il modello della probabilità di elaborazione di Petty e Cacioppo, se l'utente ha sia una forte motivazione che una elevata competenza si impegnerà in uno sforzo serio e approfondito per stabilire la credibilità dell'offerta, sarà quindi più probabilmente immune alle strategie persuasive messe in atto dai creatori del sito web. Se, invece, ha una elevata motivazione ma scarsa competenza, effettuerà comunque una valutazione di credibilità, ma in maniera superficiale: il contenuto dell'offerta passerà in secondo piano di fronte alla sua attrattiva formale. In questo caso, si dice che la valutazione sarà di tipo euristico.

Le ricerche hanno dimostrato che le persone

con un elevato *need for cognition* sono in generale meno influenzabili dalla pubblicità e dalle campagne di marketing: potremmo dunque riassumere le caratteristiche finora elencate notando che non è facile fare cambiare idea ad una persona con una personalità cognitiva.

La domanda successiva potrebbe essere: come si sviluppa una personalità cognitiva?

Non esiste una risposta univoca a questo interrogativo. La tendenza a riflettere e ad analizzare le situazioni deve prima di tutto essere sviluppata durante l'infanzia: diversi studi hanno infatti dimostrato che, nell'età adulta, il *need for cognition* di ciascun individuo rimane solitamente piuttosto stabile. È dunque compito dei genitori stimolare la formazione di un alto NFC nei loro figli: questo avviene mostrando ai bambini che è possibile risolvere i problemi attraverso il ragionamento e l'analisi e non solo utilizzando la forza fisica.

Nei bambini, infatti, sono presenti in potenza le più diverse tendenze comportamentali, anche quelle che implicano un basso *need for cognition* come l'attitudine ad annoiarsi nel discutere con gli altri, a distorcere le informazioni ricevute e a creare cesure tra posizioni diverse e apparentemente inconciliabili. È quindi necessaria una guida adulta e consapevole per riuscire a sviluppare le capacità di problem solving e valutazione critica delle situazioni che saranno poi utili per tutta la vita.

CAPITOLO 7

Il neuromarketing

La tecnica di studiare gli impulsi irrazionali alla base delle decisioni umane per coniare delle strategie persuasive è alla base di una vera e propria disciplina, a cui nel 2002 è stato dato il nome di *neuromarketing* da Ale Smidts. Si tratta della frontiera più estrema del mind hacking, in cui ad analisi di tipo psicologico ed economico si unisce un approccio neuroscientifico.

Questa tecnica si sta rivelando necessaria per integrare efficacemente il marketing tradizionale. I risultati di sondaggi che si basano solo su interviste, infatti, non coincidono con i casi in cui si utilizzano anche delle tecniche di neuromarketing, ma gli studiosi sono d'accordo nell'affermare che il neuromarketing non è in grado di sostituire totalmente le strategie tradizionali basate su un approccio individuale.

Come lo studio dei principi della persuasione, anche il neuromarketing parte dall'evidenza che le emozioni giocano un ruolo fondamentale nel processo decisionale, anche riguardo l'acquisto di un prodotto. Questa strategia affianca allo studio delle emozioni proprio della psicologia cognitiva e comportamentale l'utilizzo di tecniche quali lettura delle espressioni facciali per tenere sotto controllo le emozioni provate non solo dai consumatori, ma anche ad esempio dai dipendenti di un'azienda.

Al contrario di quanto si potrebbe comunemente pensare, infatti, le emozioni possono essere studiate dal punto di vista scientifico. La ragione per cui esse giocano un ruolo fondamentale nel processo decisionale è che se uno stimolo suscita una forte emozione è più probabile che venga preso in considerazione dall'ippocampo, la parte del nostro cervello in cui le informazioni passano per essere memorizzate. Il neuromarketing si propone proprio di studiare le alterazioni del nostro organismo causate dalle emozioni e misurarle per studiarne l'influenza sui comportamenti d'acquisto. È dunque evidente perché i risultati ottenuti con il neuromarketing non possono coincidere con quelli che provengono da interviste e sondaggi.

Per quanto possiamo essere più o meno consapevoli dell'esistenza dei principi della persuasione di Cialdini e del modo in cui influenzano il nostro processo decisionale, difficilmente qualcuno di noi potrebbe ammettere ad alta voce di aver preso una decisione sulla base di un'emozione o di un impulso irrazionale. Se una persona estranea ci pone una domanda, al contrario, cercheremo di rispondere nella maniera più razionale possibile e quindi i dati più importanti per il marketing e il mind hacking rimarranno inaccessibili. Se, ad esempio, ci viene chiesto perché abbiamo scelto di comprare un dato prodotto, probabilmente risponderemo che siamo stati attratti dalla sua qualità, mentre, a voler essere sinceri, non sapremmo neanche spiegare bene a parole la rete di fattori che ci hanno spinto all'acquisto. La motivazione razionale ci permette invece di giustificare agli occhi dell'interlocutore, ma anche davanti a noi stessi, una spesa che altrimenti potrebbe essere ritenuta frivola e non necessaria.

Il neuromarketing si propone di accedere all'inconscio del consumatore con un meccanismo che si articola in fasi. La prima è definita *neuro check-up* ed è analoga alla fase classica di analisi nel mind hacking: consiste nel raccogliere e identificare gli studi neuroscientifici e comportamentali che potrebbero essere utili a raggiungere l'obiettivo promozionale desiderato. Segue poi una fase di allineamento strategico: è necessario cioè individuare le motivazioni implicite che potrebbero portare i consumatori ad agire nel modo desiderato. Le definiamo *implicite* perché spesso vanno oltre le considerazioni, ad esempio, sulla qualità o le caratteristiche essenziali di un prodotto e possono investire ambiti emozionali e inconsci che solitamente non si associano al marketing. Infine, si procede con la terza fase, che è la progettazione vera e propria della campagna di promozione. L'ultimo step del processo è la fase di verifica: le tecniche neuroscientifiche vengono quindi usate per testare l'effetto della campagna sugli individui, misurandone la reazione emozionale.

Uno strumento fondamentale per il neuromarketing è il *priming*, ossia l'effetto in seguito al quale l'esposizione ad un determinato stimolo, detto *prime*, condiziona la reazione a stimoli successivi. Il nostro cervello, in altre parole, è impostato in modo da farci interpretare tutto quello che vediamo a seconda del contesto in cui lo vediamo. Questo diventa un importante oggetto di studio in particolare nello stabilire caratteristiche visive e tattili dei *packaging* di determinati oggetti: se ad esempio siamo un brand che produce prodotti per la bellezza e il benessere, vorremo che i clienti distinguano subito i nostri prodotti dai classici bagnoschiuma che hanno come unico scopo la pulizia del corpo. Sarà dunque necessario studiare una confezione che abbia forme e colori unici, non confondibili con quelli dei prodotti per la cura personale, in modo che i consumatori individuino subito il nostro prodotto come qualcosa di unico e diverso, su cui vale la pena fermare l'attenzione.

Una delle tecniche di cui si serve il neuromarketing per monitorare il livello di attenzione dei consumatori riguardo un certo prodotto è l'*eye tracking*, ossia il monitoraggio oculare, e consiste nell'analizzare il movimento dello sguardo di un soggetto durante un momento di interesse, ad esempio durante un annuncio pubblicitario. La teoria alla base è che esista una correlazione tra il movimento del nostro sguardo e il grado di attenzione, e che quindi tracciare lo sguardo equivalga a tracciare l'attenzione. I dati relativi all'eye tracking vengono quindi presentati come mappe di colore statiche (se si riferiscono ad esempio ad un'immagine) o dinamiche (se sono riferite ad un video) o tramite *gaze plot* (grafici dello sguardo) che forniscono informazioni sul movimento dello sguardo e sulla durata dei momenti in cui lo spettatore ha "fissato" un determinato punto.

Questa tecnica si presta particolarmente bene, ad esempio, a verificare l'efficacia del *product placement*, ossia l'inserimento di un brand all'interno di un film o un altro filmato di natura non commerciale. Se veramente consideriamo il movimento dello sguardo come indice del grado di attenzione, possiamo correlare un eventuale aumento dell'attenzione nel momento in cui il brand viene mostrato con un effettivo interesse per il prodotto da parte dello spettatore.

È inoltre una tecnica fondamentale per la costruzione dei siti di eCommerce. La maggior parte degli utenti, infatti, tende a non leggere dettagliatamente il testo di una pagina web, ma a scorrerlo velocemente con lo sguardo per individuare delle parole chiave. L'eye tracking permette di individuare i punti dello schermo in cui lo sguardo si ferma più facilmente in modo da sceglierli come luogo in cui inserire eventuali inserzioni pubblicitarie.

Bisogna però tenere conto che non sempre questi dati sono rappresentativi dell'effettivo interesse dello spettatore per un prodotto: per trarre delle conclusioni che abbiano un minimo di validità è necessario tenere conto di molti fattori, quali la durata dello sguardo e la direzione. Inoltre, solo prendendo in esame campioni estremamente vasti è possibile ottenere risultati rappresentativi.

Questo tipo di tecniche, come tutte le

applicazioni più estreme del mind hacking, può apparire contemporaneamente affascinante e inquietante: solleva infatti diversi interrogativi etici. Esistono delle petizioni che puntano a rendere il neuromarketing illegale, temendone l'utilizzo a scopo di truffa o da parte di aziende che promuovono prodotti poco salutari.

È difficile esprimere un'opinione in un dibattito etico, probabilmente tuttavia bisognerebbe considerare il neuromarketing per quello che è: una disciplina nascente e quindi uno strumento, che in futuro potrà essere usato positivamente o negativamente a seconda dei casi.

CAPITOLO 8

Mind hacking e controllo di sé

Fino a questo momento abbiamo parlato di mind hacking considerando le possibili applicazioni di questa tecnica a persone esterne, in modo da influenzarne il comportamento e le decisioni. Esistono però anche studi sull'utilizzo di tecniche di mind hacking per manipolare la propria mente, per riprogrammare cioè i nostri stessi pensieri.

Nei capitoli precedenti abbiamo sottolineato più volte che la mente umana ragiona tramite schemi, soprattutto a livello di psicologia sociale. A questa regola, tuttavia, non si sottrae la nostra coscienza individuale: ogni nostro pensiero ricorrente è inserito in un *loop* probabilmente acquisito durante l'infanzia. Alcuni di questi loop sono positivi, ci danno sicurezza e autostima e sono dunque utili nella vita quotidiana. Spesso, però, ci ritroviamo intrappolati in *loop* negativi da cui non sappiamo come sottrarci. Il mind hacking ci insegna che non dobbiamo necessariamente accettare la struttura della nostra mente per quella che è, anzi, possiamo intervenire per cambiarla.

Questo tipo di strategia prevede la riprogrammazione dei loop negativi in modo da trasformarli in cicli positivi. Si tratta, ovviamente, di un percorso lungo e impegnativo, ma può essere affrontato applicando diligentemente i principi del mind hacking: analisi, creatività, riprogrammazione.

La fase di *analisi*, in questo contesto, potrebbe essere riassunta con il famoso detto *conosci te stesso.* Le tecniche che sono state citate nel Capitolo 2 devono cioè essere applicate non alla mente umana in quanto coscienza sociale, ma ad una specifica mente: la nostra. Il metodo dei cinque perché, ad esempio, può essere usato per arrivare alla causa prima di un comportamento dannoso che ci impedisce di essere sereni o di avere una stabilità affettiva o economica. Vediamo un esempio pratico: il caso di un impiegato che ha appena perso il lavoro.

Problema: ho perso il lavoro in seguito ad una litigata con il capo.
Perché?
Ho perso la pazienza, sono stato aggressivo e questa è stata l'ultima goccia: non è la prima volta che succede.
Perché?
Ogni volta che qualcuno critica il mio lavoro, mi sento attaccato e reagisco con violenza.
Perché?
Identifico la qualità del mio lavoro con il mio valore personale, quindi una critica all'uno compromette necessariamente l'altro.
Perché?
Temo di non avere un'identità al di fuori del contesto lavorativo.

Come nel Capitolo 2, siamo partiti da un esempio particolare per trarre una conclusione generale, in questo caso però non su una tendenza della società ma su una caratteristica individuale, un loop negativo che impedisce all'impiegato di vivere serenamente la sua vita lavorativa. Nello stesso modo potrebbe essere adattato il metodo del *worst case scenario*.

Si tratta di un processo particolarmente difficile, perché per avere successo questi metodi richiedono onestà e sincerità e soprattutto che chi li applica sia pronto ad indagare le parti più scomode della propria coscienza. In altre parole, è forse più facile conoscere gli altri che noi stessi!

Nella fase di *creatività* è utile fermarsi a riflettere sul proprio futuro, sugli scenari in cui ci proiettiamo entro qualche anno e su quali sono i nostri obiettivi. Abbiamo già detto che immaginare è difficile, e infatti scoprirete che mentre è piuttosto facile stabilire cosa non vogliamo fare o essere, diventa arduo dire precisamente che cosa desideriamo. È necessario dunque fare uno sforzo: siamo abituati a dedicare solo pochi secondi ai sogni ad occhi aperti prima di pensare che dovremmo dedicarci a qualcosa di più utile, e invece perché il mind hacking funzioni dobbiamo indugiare in quelle fantasie e nutrirle di nuovi dettagli e particolari. Dobbiamo avere cioè un piano ben preciso per poter passare alla fase di *riprogrammazione*.

Ci sono vari suggerimenti sul modo in cui la fase di riprogrammazione potrebbe funzionare. Prima di tutto viene anche in questo caso consigliato di scrivere, annotare, prendere nota, in questo caso, delle emozioni e sensazioni negative che si vorrebbero eliminare e di quelle positive con cui vorremmo rimpiazzarle. Per procedere all'azione, è necessario imporsi dei mini-obiettivi concreti e quotidiani: intervenire sul modo in cui funziona la nostra mente potrebbe sembrare un compito immenso, fumoso e astratto, ma se viene scomposto in tante piccole conquiste tangibili, vi accorgerete che non è così.

Usare il mind hacking per conoscere e gestire se stessi richiede dedizione, pazienza e impegno. Sono ormai evidenti, tuttavia, le meraviglie che questa tecnica può compiere in ambiti così diversi: vale quindi sicuramente la pena provare!

CAPITOLO 9

Conclusioni

In questo testo abbiamo affrontato i più comuni pregiudizi legati al concetto di hacking e abbiamo mostrato come non sia necessariamente una tecnica legata all'illegalità.

Nel capitolo 2 sono state illustrate le fasi attraverso cui procede un buon mind hacker per raggiungere il suo obiettivo e nel capitolo 3 abbiamo introdotto la disciplina che maggiormente utilizza il mind hacking: l'ingegneria sociale. I capitoli 4 e 5 si incentrano sulla comunicazione persuasiva e sull'analisi dettagliata dei 6 principi della persuasione di Cialdini. Nel capitolo 6 ci chiediamo se esistono personalità in grado di difendersi dal mind hacking: viene descritta quindi la personalità cognitiva. Il capitolo 7 apre una finestra sulle più recenti applicazioni del mind hacking: le tecniche di neuromarketing. Infine, si analizzano alcune strategie per applicare il mind hacking al controllo di sé e riprogrammare la propria mente in modo da rompere i loop negativi che causano insoddisfazione.

Il quadro che emerge è di sicuro complesso: il mind hacking è una tecnica raffinata, difficile da padroneggiare e molto potente se usata in maniera adeguata. Per gli stessi motivi, alcune sue applicazioni sono anche molto pericolose ed è bene essere a conoscenza delle strategie che potrebbero essere messe in atto contro ognuno di noi.

Inoltre, il mind hacking è dappertutto: è negli algoritmi che regolano le bacheche dei nostri social, nei siti che ci appaiono per primi quando facciamo delle ricerche, nelle pubblicità che vediamo in televisione, nei cartelloni per strada. Non importa se vogliamo provare in prima persona ad applicare le strategie di persuasione per autopromuoverci o per promuovere un nostro progetto o se ambiamo semplicemente ad essere consumatori consapevoli: è bene informarsi e conoscere le tecniche che potrebbero essere usate per manipolarci e persuaderci.